Palabras Bailables

Palabras Bailables

Pensamientos para alumnos, interpretes y maestros de baile.

Francisco De La Calleja

Producciones Ella Baila Con Él

ISBN: 978-0-9959836-8-7

©2019 Las Producciones Ella Baila Con Él
Primera edición. Todos los derechos reservados.

Ninguna parte de este libro puede ser reproducida, almacenada en un sistema de recuperación o transmitida por ningún medio que sea, electrónico, mecánico, fotocopia, grabación sonora o visual sin el permiso por escrito del editor.

Las Producciones Ella Baila Con Él
C.P. 3301 Station Lapierre
Lasalle (Montréal), QC
H8N3N4
CANADA

Depósito Legal 2019
Biblioteca y Archivos Canadá
Biblioteca Nacional de Quebec

A mi primera maestra de baile,
Antonieta Cortés Bareño.
Tus palabras fueron el primer ritmo que aprendí a seguir.

Indice

Con gratitud... 9
Como sucedió este libro 10
Vivir 13
Aprender 21
Interpretar..35
Enseñar..49
Créditos de las fotografías...70
Acerca del autor 71

Con gratitud

La inspiración tiene muchas fuentes. Me gustaría expresar mi admiración y gratitud a pensadores y oradores de todos los ámbitos de la vida, como Robert Fulghum, (vaquero, ministro unitario, profesor de arte) Yogi Berra, Roger Staubach, Johan Cruyff, Emil Zatopek, (atletas) Henry Ford, (empresario) Mark Twain, Wayne Dyer, Og Mandino, Nikos Kazantzakis, Dale Carnegie, (escritores) Wilbur y Orville Wright, Richard Bach, Stephen Coonts, Antoine de Saint-Exupéry, (pilotos de avión), Barrett Tillman, (historiador militar) Serge Brosseau, (agente de bienes raíces) Jasmine Roy (actor) y el Dr. Gordon Livingstone (psicólogo).

Ninguno de ellos es o fué maestro de baile, pero su amor por la palabra me inspira a seguir aprendiendo a hablar, enseñar y motivar.

Como sucedió este libro

Cuando comencé a tomar clases de baile a los quince años, todo mi mundo cambió. El baile dio propósito y énfasis a mi vida. Me dio un sentido de identidad y logro. Me encantaba la forma en que mi maestra me inspiraba. Yo quería ser como ella.

Así que, poco después de cumplir los diecisiete años, encontré un empleo en un estudio de baile de salón que ofrecía capacitación gratuita para maestros sin necesidad de experiencia. En ese momento esperaba que esto fuera solo un trabajo de verano. Pero ese otoño, no volví a la escuela. Me había obsesionado con la idea de ser un buen maestro. Pasaba mucho tiempo en el estudio. Yo era nuevo, así que no estaba enseñando mucho. En cambio, entrenaba con los otros instructores, practicaba mucho por mi cuenta, limpiaba los espejos y los baños, preparaba el café, observaba a los otros maestros enseñar y a los bailarines profesionales ensayar.

Salí de la casa de mis padres y me mudé a una habitación en el sótano de la casa que los directores del estudio alquilaron en las afueras de la ciudad. Quería pasar mi tiempo con personas que creían que enseñar la danza era una carrera digna e importante. Estaba viviendo mis sueños.

Una mañana, todos estábamos sentados en la cocina tomando café. Fue entonces cuando la vi. Una de las tazas de café de recuerdo estaba cubierta de coloridos escritos. Me dio curiosidad, así que la recogí y la leí. Todo aquello eran proverbios de baile: *el material del cual el arte que esta echa* de Shaw, *los atletas de Dios* de Einstein, *vivimos porque* de Nureyev y *el dios que podría bailar* de Nietzsche, entre otros.

Me di cuenta de que lo que había hecho tan buenos a mis propios profesores de baile era la forma en que sus palabras eran memorables, como los proverbios en la taza. Decidí que sería parte de mi trabajo cotidiano escuchar y estudiar con avidez cada palabra que pronunciaran mis instructores y compañeros de trabajo.

Después de un tiempo, me di cuenta de que yo también podía crear frases memorables si solo observaba las reacciones de los estudiantes a lo que decía, si me escuchaba a mí mismo con más cuidado y especialmente, si hablaba con el indefectible propósito de ayudar a mis estudiantes.

Las semanas se convirtieron lentamente en meses y el adolescente tímido y tartamudo con el acento extranjero que yo era, lentamente comenzó a transformarse en un bailarín competente, un comunicador convincente y un instructor de baile fidedigno. Los meses se convirtieron en años de baile, aprendizaje y enseñanza. Finalmente, un ex colega que estaba abriendo una escuela de danza me pidió que aceptara el puesto de instructor de profesores de danza y ayudara a los nuevos instructores a expresar su pasión y dedicación.

Los años se convirtieron en décadas y poco a poco me di cuenta del impacto que mis palabras estaban teniendo en mis alumnos, artistas intérpretes, aprendices maestros y colegas. Y un día una amiga cercana me dijo: "Francisco, ¿qué estás esperando? Escribe ya todo esto. En verdad, estas son *Palabras Bailables* "

Vivir

*Todos los seres humanos llegan a este mundo bailarines.
Pero solo los apasionados, los tercos, los rebeldes,
los iluminados y los locos
siguen siendo bailarines toda la vida.*

*La voz interior que te dice: "!Baila!"
no es tu conciencia. Es tu vida.*

*La luz de un solo baile
puede iluminar toda una vida.*

*No hay un solo problema en tu vida
al cual el baile no pueda ayudar.*

*El baile puede ayudar a la persona que eres
a encontrar la persona que quieres ser.*

*Disfruta de la vida.
Sería triste si el epitafio sobre tu tumba leyera:
"Que lastima que nunca aprendí a bailar".*

No bailamos para huir de la vida.
Bailamos para vivir la vida.

No hay nada más efímero que un baile
ni tan eterno como sus efectos.

Los bailarines nunca están solos.
En sus corazones,
el universo entero baila con ellos.

*Los bailarines viven en un mundo
de emoción, ritmo y movimiento
que se esfuma en cuanto paran de moverse.*

*La duela es la tela del bailarín,
su cuerpo su pincel, la vida su taller
y su imaginación sus colores.*

*El día que dejes este mundo
lo harás sonriente
si sabes que has bailado lo suficiente.*

Aprender

Para principiantes, intermediarios, avanzados, profesionales, para el espectáculo o para competencia... No hay clases de baile pequeñas.

Es posible aprender a bailar sin habilidades, pero no sin deseo y conocimientos.[1]

Aprendes o enseñas con tu mente. Bailas con el corazón. Tu cuerpo existe solo para mostrarte lo que piensas y lo que sientes.[2]

---

[1] *Paráfrasis de un original de los hermanos Wright: Es posible volar sin motores pero no sin conocimientos y habilidades.*
[2] *Inspirada de la cita de Johan Cruyff: El futbol se juega con la cabeza. Y tus piernas están ahí para ayudarte.*

El talento no se puede ver, oír, oler, probar, comprar, prestar, copiar, romper, robar, matar, ni destruir. Pertenece al mismo grupo de ideas que la suerte, el destino y los unicornios: ¡No existe![3]

Si te es absolutamente necesario usar la palabra, el talento es otro nombre para el deseo de aprender y mejorar.

Cuando la gente asegura "ver" el talento, solo ven los efectos del deseo, la perseverancia y el amor.

---

[3] *Inspirada del discurso del Coronel Haldane acerca de la suerte en Los Intruders de Stephen Coonts*

*Si la música es la disposición de sonidos y silencios,
la danza es la combinación
de movimientos y pausas.*

*Como bailarín debes siempre recordar
que tú también eres parte de la orquesta.*

*Cuando bailas tu objetivo
no es bailar con la música ni sobre la música.
Tu objetivo es ser la música.*

*Nosotros los seres humanos tratamos siempre
de escuchar nuestro cuerpo pero cuando bailamos
es nuestro cuerpo quien nos escucha.*

*En el baile tu mente puede aprender más rápido
pero tu cuerpo siempre aprende mejor.*

*Cada vez que tomas una clase para principiantes,
no solo ves lo que te perdiste la primera vez.
También tu maestro ve lo que se perdió la primera vez.*

*El baile de pareja es un deporte de equipo
y tu compañero no es tu oponente
sino tu único compañero de equipo.*

*Cuando escuches a tus maestros,
a tus alumnos o a tu pareja,
guarda tu boca bien cerrada y tu mente muy abierta.*

*En el baile de pareja nadie puede
ser mejor que su compañero.*

*Lo que tu maestro considera un error en el nivel uno,
el mismo maestro lo llamará estilo en el nivel seis.*

*Cuando prepares tus metas,
no seas una copia, ni siquiera de tus ídolos.
No hay nada más maravilloso en la vida
que el ser diferente.*

*El día que bailes exactamente como tu maestro
significa que ya has aprendido todo lo que él sabe.
Entonces es el momento de aprender
todo lo demás que tú puedes saber.*

Pon todo en duda.
Especialmente tus propias preguntas.

Poner en duda lo que supones que es verdad
te llevará a una verdad más clara.

Tus únicas preguntas estúpidas
son las que no haces.

Tus preguntas cambian la manera en que tu maestro
te enseña de la misma manera que sus respuestas
cambian tu manera de bailar.

*Nunca estarás en peligro de cometer un error
si no estás listo a correr el riesgo
de aprender algo nuevo.*

Los que no arriesgan nada lo arriesgan todo.

*La fricción de tus sueños contra la realidad
es lo que llamas frustración.
No es un signo de fracaso, sino de cambio.*

Interpretar

Recital, boda, medio tiempo, club, festival, competencia, Hollywood, Broadway…
Tampoco hay espectáculos pequeños.

¡Es la hora del espectáculo!
¡Mucha mierda!
Pero por favor, no la pises.

*Los trofeos y las medallas de oro no se ganan
en el escenario sino en la sala de ensayo.
Las competencias, esas se ganan
en lo más profundo de tu corazón.*

*Podemos investirnos con el título
de campeones de competencia o de maestros expertos
solamente cuando reconocemos
el habernos izado sobre los hombros de gigantes.*

No esperes la medalla de oro para ser feliz.
Se feliz de poder competir.

No creas tener ventaja
por ser el campeón en título.
Los jueces ven como bailas hoy,
no como bailaste la semana pasada.

Es inútil triunfar sobre tu adversario
si no te vences a ti mismo.

*La práctica no hace perfección. La práctica hace hábito.
La práctica y la comprensión hacen mejoría.*

*No ensayes hasta que te salga bien.
Ensaya hasta que seas incapaz
de acordarte cómo se siente hacerlo mal.*

*El Talento baila a veces con la Suerte,
pero en todo momento la mejor pareja en la pista
son el Saber bailando con la Perseverancia.*

"¡No hay lugar para el fracaso!"

Eh ahí un muy buen plan para claudicar.

No hay partes pequeñas
en una coreografía de grupo.
Si el último bailarín de la última línea comete un error,
nadie verá lo que hace el solista.

*Serás un buen intérprete
cuando seas capaz de amar y respetar igualmente
la danza, tu público y a ti mismo.*

*Estás en el escenario bailando esa coreografía
porque no hay nadie en el mundo
capaz de bailarla como tú la bailas.*

*Después de unos minutos, el público habrá olvidado ya
los pasos que bailaste en el escenario.
Pero nunca olvidará
como tu presencia le hizo sentir.*

*En el escenario,
poco importa cuánto más quieras hacer,
solo puedes bailar
lo que tu mente y tu cuerpo saben bailar.*

*El día del espectáculo
tu baile no estará a la altura de la ocasión.
Simplemente caerá a tu nivel de entrenamiento.* [4]

---
[4] *Paráfrasis del Credo de los pilotos de caza en* La Sexta Batalla *de Barret Tillman.*

*Si quieres hacer carrera en la danza
tengo malas y buenas noticias para ti.
Las malas noticias:
Nunca terminarás de aprender.
Y las buenas noticias:
Nunca terminarás de aprender.*

Enseñar

La danza es arte.
Enseñar danza es ciencia.

*La enseñanza del baile es la ciencia
de resaltar lo obvio.*

*En la enseñanza del baile los pasos son preciosos
pero las ideas no tienen precio.*

*Una clase de baile exitosa es aquella en la que tanto
el alumno como el maestro aprenden algo.*

*Un buen maestro no va a impresionar a sus alumnos
con su capacidad como bailarín.
Pero los va a deslumbrar
con sus capacidades de aprendizaje.*

*Antes de desafiar
la capacidad de aprendizaje de sus alumnos,
los buenos instructores
desafían sus propias capacidades docentes.*

*Una clase de baile sin objetivo definido
es un fracaso aun antes de comenzar.*

*El principal objetivo de un maestro de baile
es hacer que el alumno tome conciencia de una mejoría
entre el comienzo y el final de la clase.*

*En una clase de baile
el plan es a menudo
la primera víctima de la realidad.*

*Como maestro,
todo lo que digas en una clase de nivel principiante
puede y va a ser usado en tu contra
en una clase de nivel avanzado.* [5]

---

[5] *Paráfrasis de la tarjeta de advertencia Miranda.*

*En una clase de baile no hay alumnos incompetentes.
Solo hay maestros poco eficaces.*

*Cualquiera puede enseñar a bailar
a un alumno que ya tiene buenas capacidades.
El alumno que todavía no las tiene
necesita un verdadero maestro.*

*No temas compartir tu saber.
Si aprendes continuamente,
nunca te faltará.*

*Si alguien te "roba" tus ideas,
recuerda que nunca podrá
quitarte la joya más preciosa del tesoro:
tu creatividad*

*Cuando enseñas la danza
y tus correcciones no dan el resultado esperado,
estás corrigiendo el error equivocado.*

*Tu generosidad, empatía y optimismo
no puedes escribirse en tu currículo vitae,
pero en una clase de baile son más impresionantes
que los trofeos y las medallas de oro.*

*Un maestro eficaz no necesita
ser paciente ya que sabe que cada parte
del proceso de enseñanza y aprendizaje
tienen su hora y lugar apropiados.*

*Un buen maestro
no necesita paciencia para enseñar.
En cambio,
debe enseñarla a alumnos impacientes.*

¿Conoces la regla de enseñanza de 1 :100?
Cada nueva idea que tu aprenderás
te permitirá hacer progresar a cien alumnos
a los que antes no podías enseñar.

Nunca le digas a un alumno de danza
que hay que trabajar esto y aquello.
Mejor háblale de la maravillosa idea
que le quieres compartir.

*Asegúrate de enseñar a tus alumnos
aquello que ellos ya saben.*

*Levanta la mano si odias enseñar ciertos alumnos.
Si alzaste la mano
también debes alzar tu nivel de entrenamiento.*

*Habla siempre a tus alumnos de baile
acerca de su futuro.
Sobre todo si tú quieres tener un futuro como maestro.*

*Cuando enseñes, no adivines.
Si quieres parecer un verdadero maestro
tienes solo una oportunidad para comprender las cosas.*

*La intuición es un gran instrumento de enseñanza
pero solamente cuando es blandida
al mismo tiempo por el saber y las buenas intenciones.*

*Es divertido enseñar la clase de nivel avanzado,
pero enseña tus principiantes
como si de ello dependiera tu vida.
Porque así es.*

*Alrededor del diez por ciento de tus alumnos
serán intérpretes o competidores de élite.
los otros noventa por ciento serán
los que harán posible tu carrera de maestro.*

Créditos de las fotografías

Alfonso, Michael (unsplash.com) Página 16
Alvarado, Cesira (unsplash.com) Página 42
An, Liel (unsplash.com) Página 60
Baila Productions, École de Salsa Página 25
Cerullo, Danielle (unsplash.com) Página 55
Di Cristin, Lorenzo (unsplash.com) Portada
Haste, Leart V. (pexels.com) Páginas 34 et 48
Hoffman, David (unsplash.com) Páginas 2, 12, 18, 23, 32 y 69
Fomenok, Vadim (unsplash.com) Página 20
Gouw, Tim (pexels.com) Página 57
Graham, Drew (unsplash.com) Página 6
Gupta, Pavan (unsplash.com) Página 52
Kepler, Jeff (unsplash.com) Página 40
Lumi, Ardian (unsplash.com) Página 67
Mcclean, Isaiah (unsplash.com) Página 8
Nikidinov (pixabay.com) Página 44
Oliveira, Hian (unsplash.com) Página 64
Pixelia (pixabay.com) Página 29
Rindao Rainier (unsplash.com) Página 62
Zittel, Michael (pexels.com) Página 38

Acerca del autor

Francisco De La Calleja, autor y bloguero, es uno de los maestros de salsa y formador de maestros de baile con más experiencia en la región de Montreal (Canadá). Su experiencia va desde el folclor Mexicano, ballet, ballet-jazz, baile de salón y Swing, al Tango Argentino e incluso bailes aeróbicos y gimnasia rítmica. Durante una carrera docente de treinta y tres años, Francisco ha enseñado más de veintiún mil alumnos y docenas de maestros en seis escuelas de baile.

Él ha bailado, dirigido o coreografiado para varias compañías de baile, así como películas, programas de televisión, videoclips y más de mil espectáculos en vivo, incluyendo congresos de salsa en Montreal, Los Ángeles, Nueva York, Miami y Puerto Rico. Participó en el proyecto Salsa Team Canada de 2002 a 2005.

En 2015 empezó su nueva carrera como escritor y ha creado ya dos obras: Palabras Bailables y Elle Baila Salsa… Con Él!, acerca de las verdades sobre el baile, la enseñanza y el aprendizaje de la salsa que son raramente mencionadas. Sus próximos trabajos, una compilación de anécdotas sobre la enseñanza del baile y un manual para instructores de Salsa, serán disponibles a principios del 2020.

Para aprender más acerca de Francisco o para comunicarse con él, visite su página web al www.shedanceswithhim.com

www.ingramcontent.com/pod-product-compliance
Lightning Source LLC
Chambersburg PA
CBHW041434010526
44118CB00002B/67